W9-CPB-404

Foxtrot

Helme Heine

Ilustraciones de Helme Heine
Traducción de Miguel Gualdrón

Norma

www.edicionesnorma.com
Bogotá, Barcelona, Buenos Aires, Caracas, Guatemala, Lima, México, Miami, Panamá, Quito,
San José, San Juan, San Salvador, Santiago de Chile, Santo Domingo.

Foxtrot nació en un lugar muy profundo
bajo la tierra, allí donde el mundo es más
tranquilo. No había radio ni teléfono, y
su papá sólo veía películas mudas en la
televisión.

Los padres de Foxtrot hablaban poco, al igual que todos los zorros. Se entendían sin palabras. Bastaba que se sonrieran o que mostraran los dientes.

Un día Foxtrot se deslizó fuera de su cochecito,
espió por la puerta de la casa, y quedó asombrada de
todo el ruido que había afuera.

Escuchó cantar, croar, graznar, cacarear.
Todo al tiempo, a voz en cuello.

Escuchó murmullos y zumbidos, fuertes y suaves…

...mugidos y tintineos, delicados y graves.

Oyó gorjeos, trinos, chillidos y tarareos.
Foxtrot estaba extasiada.

En casa trató de repetirlo todo.
Todo al mismo tiempo.

Sus padres se enojaron terriblemente por
el alboroto y estaban muy preocupados,

pues los zorros ruidosos no pueden llevar de comer a la casa.

A Foxtrot esto le daba lo mismo.

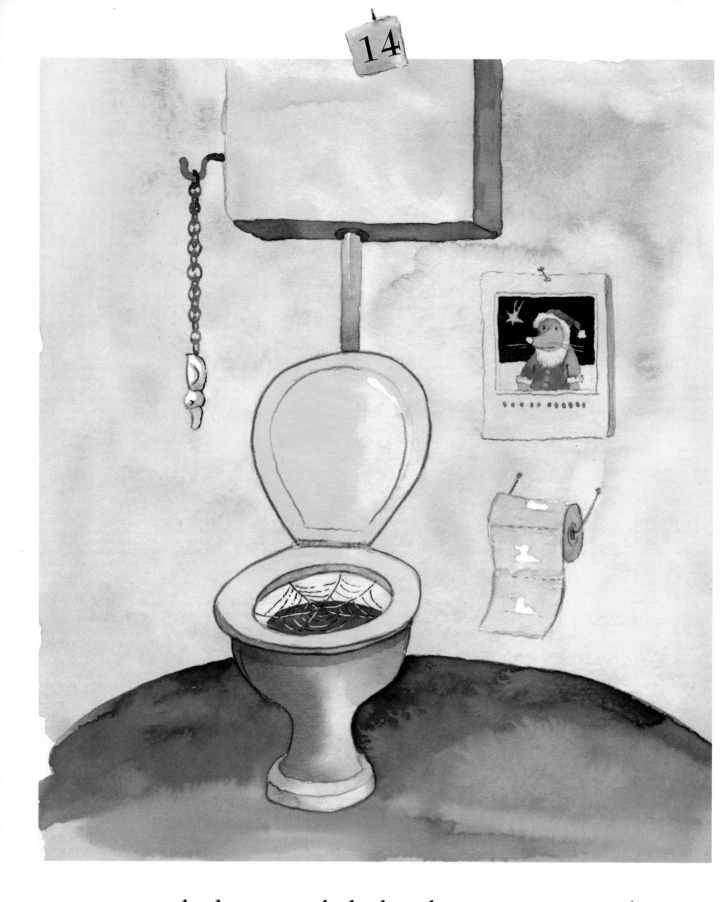

Pronto la despensa de la familia estuvo vacía y los estómagos de todos crujían enfurecidos.

En la noche de navidad, papá zorro sólo dijo una palabra:
-¡Gallinero!

Le ataron a Foxtrot un bozal y, así, el asalto fue todo un éxito.

De pronto, el guardabosques jefe apareció frente a ellos.
Temblando de frío y miedo, los tres zorros esperaban la
muerte.

Pero entonces Foxtrot se liberó del bozal
y comenzó a cantar. Cantaba delicada y
hermosamente, como un ruiseñor.

El guardabosques jefe escuchó atentamente, y quedó tan conmovido por la voz que les perdonó a todos la vida.

—Pero no se dejen atrapar de nuevo —les dijo—, pues la próxima vez dispararé.

En un abrir y cerrar de ojos se esparció entre los parientes la noticia de la asombrosa forma en que Foxtrot había salvado las cosas. Todos llegaron de visita con regalos, sólo para escuchar a Foxtrot.

De la noche a la mañana, Foxtrot se convirtió en una estrella. Mamá y papá estaban muy orgullosos de su ruidosa hija.

Pronto era famosa en todo el mundo.
Cantó incluso para el rey en África,

y para la familia imperial en el Polo Norte.

Foxtrot se volvió adulta, se casó con un zorro muy inteligente y tuvieron muchos hijos. Todos tenían un gran talento para la música.

Sólo el hijo más joven les preocupaba.

Heine, Helme, 1941-
    Foxtrot / texto e ilustraciones Heine Helme. -- Bogotá :
Grupo Editorial Norma, 2006.
    32 : il. ; 28 cm. -- (Buenas Noches)
    ISBN 958-04-8533-X
    1. Cuentos infantiles alemanes 2. Ecología - Cuentos infantiles
3. Convivencia - Cuentos infantiles I. Tít. II. Serie.
I833.91 cd 19 ed.
A1075086

        CEP-Banco de la Repúbl ica-Biblioteca Luis Angel Arango

Título original en alemán:
Foxtrot

D.R. © 2002 de Carl Hanser Verlag, München/Wien.

D.R. © 2004 Editorial Norma, S.A. para Estados Unidos, México, Guatemala, Costa Rica, Nicaragua, Honduras,
El Salvador, República Dominicana, Panamá, Colombia, Venezuela, Ecuador, Perú, Bolivia, Paraguay, Uruguay,
Argentina y Chile.

D.R. © 2017, Educa Inventia, S.A. de C.V.
Av. Río Mixcoac 274, piso 4°, colonia Acacias,
Delegación Benito Juárez, México, Ciudad de México, C. P. 03240.

Reservados todos los derechos.
Prohibida la reproducción total o parcial de esta obra sin permiso escrito de la editorial.

*   El sello editorial "Norma", está licenciado por Carvajal, S.A. de C.V., a favor de Educa Inventia, S.A. de C.V.

Impreso en México - *Printed in Mexico*

Traducción de Miguel Gualdrón
Edición de Maria Villa
Diagramación y armada de Catalina Orjuela Laverde

ISBN: 958-04-8533-X

Esta obra se terminó de imprimir en el mes de abril de 2017
en los talleres de **PRO**çoço ubicado en Santa Cruz, No.388,
Col. Las Arboledas, C.P. 13219 México, D.F.